LE CAPITAL

SA FORMATION — SON UTILITÉ — SON AVENIR

Conférence faite en Tenue Solennelle

Le 26 Février 1896

A LA

Resp∴ L∴ Le TEMPLE DE L'HONNEUR et de L'UNION

PAR

Le F∴ A. MAGNE DELACROIX

Vén∴ de l'Atel∴

PARIS

IMPRIMERIE MAÇONNIQUE HUGONIS, 6, RUE MARTEL

1896

LIBERTÉ, EGALITÉ, FRATERNITÉ

LE CAPITAL

SA FORMATION — SON UTILITÉ — SON AVENIR

Conférence faite en Tenue Solennelle

Le 26 Février 1896

A LA

Resp∴ L∴ Le TEMPLE DE L'HONNEUR et de L'UNION

PAR

Le F∴ A. MAGNE DELACROIX

Vén∴ DE L'ATEL∴

PARIS

IMPRIMERIE MAÇONNIQUE HUGONIS, 6, RUE MARTEL

1896

Paris, le 26 février 1896.

Mes TT∴ CC∴ FF∴,

J'ai souvent entendu des Conférences sur l'économie et sur le capital ; mais j'ai toujours eu la mauvaise chance de les entendre traiter en ennemi.

Étant commissionnaire en marchandises, j'ai réuni différents documents et, connaissant les questions commerciales et financières, je vais essayer de vous présenter le capital comme l'ami du travail et du travailleur.

Mon seul désir est d'encourager le plus possible le travail et l'économie, afin de faire beaucoup de petits capitalistes qui sauront se rendre utiles et contribuer au progrès et au développement de la France et de la République.

AL. MAGNE DELACROIX,

Vén∴. de la L∴. *Le Temple de l'Honneur et de l'Union,*
15, boulevard de Strasbourg, Paris.

LE CAPITAL

SA FORMATION

L'homme primitif vivait de chasse et de pêche sans souci du lendemain. Il était sobre, pourvu qu'il eut une hutte pour se reposer et quelques instruments qu'il combinait pour attraper son poisson ou d'autres animaux, il était heureux.

A un temps plus ou moins éloigné nos pères, sans aucun doute, ont vécu de la sorte.

Je n'ai pas l'intention de suivre étape par étape le mouvement du capital. Je ne vous parlerai pas de notre longue période d'esclavage qui a succédé à la conquête des Gaules par les Romains et par les Francs ; notre pays, à cette époque, n'avait que peu de capital. Notre territoire avait été ravagé et partagé entre trois catégories de privilégiés ou de seigneurs qui se faisaient la guerre entre eux.

A cette époque, il n'y avait que très peu de monnaie, elle était à peine suffisante pour faciliter les échanges. Le commerce se faisait sans monnaie, mais par échange, et lorsque cela donnait trop de difficultés, on prenait une marchandise comme monnaie : tel que le blé, le sel ou autre marchandise d'un usage général, cela pour faciliter les échanges.

Dans mon étude de ce jour, je ne prends le capital que vers le Xe siècle, au moment de la féodalité, époque où le servage a commencé, époque où la France fut ravagée sur divers points du territoire par les Normands et les Sarrazins qui profitaient de la faiblesse de Louis le Débonnaire.

Jusqu'à cette époque il n'y avait pas eu d'hérédité pour les serfs, car les cessions faites par les seigneurs n'étaient que temporaires et en tous les cas, après la mort du privilégié, tout ce qu'il avait revenait au seigneur. Mais au Xe siècle l'hérédité est proclamée, le serf sera possesseur, même après sa mort, du terrain qui lui a été cédé moyennant que la redevance sera payée régulièrement.

De ce moment, la situation change, chaque serf peut, en travaillant, racheter sa liberté ; en facilitant ce développement, le bénéfice est très considérable pour tous. Le seigneur s'il concédait à son serf une partie de terrain pour le cultiver, il y avait toujours à peu près le tiers de la récolte qui était pour lui et le serf n'avait droit qu'aux deux tiers restant. Il fallait au moins six ans d'un travail très dur pour arriver à conquérir sa liberté, dont la redevance avait été convenue à l'avance.

Tout ce bénéfice provenait bien souvent de la culture d'une terre inculte, dont il avait obtenu la concession.

Si le serf était libre, il était encore tenu envers son seigneur à différentes obligations qui étaient généralement abusives mais observées. Il devait toujours être à sa disposition en cas de guerre. Il devait se mettre à genoux lorsque le seigneur passait et il devait, toutes les années, lui donner la somme convenue, soit en monnaie, soit en récolte.

Ce système, quoique vous paraissant très dur, développa beaucoup la fortune publique et établit une hiérarchie et une hérédité nouvelles, car les serfs affranchis par les économies du travail, devenaient très souvent propriétaires de ces terrains qu'ils avaient cultivés, moyennant la redevance que nous pouvons comparer, de nos jours, à l'impôt foncier.

A leur tour, ils avaient la faculté de revendre leurs biens à d'autres serfs qui devenaient également leurs vassaux et les sous-vassaux du seigneur principal.

De là les divisions à l'infini de la propriété et les terrains que l'on avait laissé pendant très longtemps sans être cultivés et qui étaient complètement sans valeur un demi-siècle auparavant prenaient ainsi une valeur assez importante et les propriétés des grands et des petits seigneurs, se divisaient en un nombre innombrable de fiefs nouveaux. Les seigneurs et les nobles avaient vendu toutes leurs terres. Mais ce commencement de progrès a amené une rareté de l'homme salarié. La rareté du travailleur des champs était tellement considérable, que les couvents eux-mêmes étaient obligés de donner leurs terrains aux laïques qui les prenaient à bail. Et la journée de l'homme, qui valait un siècle auparavant 0 fr. 60 c. par jour, arrive à progresser et nous l'avons vue monter au taux de 2 fr. 60 c. par jour, ce qui était extraordinaire. Car plus tard, cette hausse passagère va diminuer ; lors de la révolution de 1789, la journée de l'homme des champs et du manœuvre n'était plus que de 0 fr. 90 c. par jour. L'on peut donc estimer le période de 1200 à 1350, comme étant la période la plus henreuse du moyen-âge.

Les seigneurs cédaient les terrains et se rendaient légalement responsables de tout obstacle qui serait apporté à la jouissance de son cessionnaire. Mais les vassaux et les sous-vassaux s'enrichissaient et le pouvoir de l'argent était très considérable ; son pouvoir était trois fois plus important qu'il ne l'est. Avec la même somme, l'on n'aurait aujourd'hui seulement qu'un tiers de marchandises qu'au XIVe siècle.

Les seigneurs des XIIIe et XIVe siècles s'étaient donc complètement dépouillés de leurs terres ; le roi était très heureux de voir ainsi diminuer l'importance de ses seigneurs. La révolution, à ce moment, fut complète, et le rêve humanitaire de l'époque eut son plein succès. La terre fut la propriété du paysan. Les communes, également, devinrent libres, et lorsqu'un serf était entré dans une commune, il était assez difficile de lui faire reprendre le travail. Pendant la même période, le commerce et l'industrie également se développèrent : on fait des échanges, on transporte les produits du midi dans le nord et réciproquement. La navigation se développait, et les caboteurs d'autrefois, qui transportaient leurs marchandises sur une pirogue construite avec un arbre creusé, font construire de gros bateaux à voiles qui commencèrent à sillonner les mers, tout cela pour le bien-être de l'humanité; car le commerce est un des anneaux de la chaîne qui rattache les individus et les peuples entre eux.

A ce résultat, se joint la découverte de l'Amérique, qui, avec ses mines d'or, nous amène une grande quantité de métaux précieux, ce qui facilita le développement de la fabrication de la monnaie. Chaque seigneur et chaque couvent fabriqua sa monnaie, ce qui donna, à un certain moment, une telle quantité de pièces diverses, que l'on fut obligé de les vendre ou les échanger au poids de l'or ou de l'argent, lorsqu'elles n'étaient pas falsifiées, comme sous le faux-monnayeur Philippe le Bel, qui rendit une ordonnance d'après laquelle tous les faux-monnayeurs seraient bouillis vifs, lorsque lui-même fit faire des pièces d'or avec 80 0/0 de cuivre.

MM.·. FF.·., Nous avons suffisamment établi l'origine du capital qui avait progressé dans des proportions très considérables. Mais ce mouvement fut complètement arrêté par la mauvaise administration de nos rois, la fainéantise des seigneurs, les guerres avec l'Angleterre, les guerres civiles et les guerres de religions des XVIe et XVIIe siècles.

UTILITÉ DU CAPITAL

Nous venons de jeter un regard rétrospectif sur la formation du capital ; nous ne pouvons suivre pas à pas les mouvements rétrogrades et les mouvements en avant qui ont eu lieu aux XVIIe et XVIIIe siècles.

Nous avons vu que le premier développement s'est produit par l'affranchissement du servage, par le travail et par l'économie. Et, si les progrès des XIIIe et XIVe siècles ont été paralysés, cela prouve que les mêmes idées n'ont pas toujours régné (1).

Les serfs, qui étaient devenus des bourgeois et quelquefois même des nobles, sont retombés parce qu'ils ont fait comme leurs seigneurs ; ils se sont plus tard livrés à l'orgueil, à la paresse et à l'oisiveté.

(1) Dans le livre de M. le vicomte G. d'Avenal, ouvrage fort intéressant, dans lequel j'ai puisé différentes notes, nous lisons qu'un observateur a suivi l'existence de vingt et une familles des environs de Gien (Loiret). Elles ont été suivies pendant deux siècles, de 1450 à 1650. Au début, c'est l'aisance et presque la richesse ; besoins très circonscrits et facilité très grande d'y pourvoir. Aussi, est-ce merveille comme on pullule : de chaque foyer sort une tribu ; plus on est de bras, plus on cultive. — En 1550, les vingt et une souches avaient fourni deux cents branches. Puis, vient le mouvement inverse : on est trop nombreux, on se gêne, on s'arrache les miettes de pré et de labour, plus on est de bouches, moins on a de quoi les nourrir. — En 1650, sur les deux cents branches anciennes, il n'en reste plus que six ; les autres avaient été remplacées sur tout ce territoire par des étrangers.

La révolution de 1789 a repris la France dans une situation très précaire.

La servitude était peut-être plus grande au commencement du XVIII⁰ siècle qu'elle ne l'était au commencement du XV⁰ siècle.

Mais, depuis cent ans, le capital qui représente la partie de cette fortune disposée pour la reproduction, s'est développé et se développe encore d'une manière inespérée.

Il faut, pour que le capital d'un pays se développe, que trois éléments marchent ensemble, savoir : l'activité, l'intelligence et l'économie de ses habitants, dont la mise en mouvement doit être facilitée par un gouvernement libéral et honnête, afin d'avoir une constitution et des lois qui inspirent confiance pour l'avenir, et tous travaillant ensemble, donnent alors un nouveau bien-être et de nouvelles économies, pour le profit de tous les travailleurs et le bien-être de tous les habitants.

De ce qui précède, l'on peut conclure que l'homme riche qui dissipe sa fortune en ne rien faisant ne rend aucun service à son pays, car c'est tout simplement un capital qui change de place, sans aucun profit pour la fortune publique.

Le capital et le bien-être d'un pays ne sont pas absolument représentés que par les économies matérielles qui se sont accumulées ; le capital est également représenté par le développement et l'emploi que l'on donne à ces économies matérielles et qui en établit la reproduction constante, car du jour où le capital cesserait d'être en reproduction constante il s'anéantirait. Il est très logique, pour tout homme qui veut y voir clair, que si les immeubles n'étaient pas constamment réparés, en moins de dix ans la moitié de ces immeubles tomberait en ruine. Si la culture d'un terrain n'était pas maintenue, en moins de dix ans les terrains seraient couverts de ronces et auraient besoin à nouveau d'être défrichés. Si les usines n'étaient pas alimentées, en moins de cinq ans elles seraient en ruines. Le capital d'un pays, qui, par la pensée, cesserait d'être en reproduction constante, ne durerait certainement pas une génération. Si le serrurier cessait d'entretenir son capital, à savoir : son soufflet, sa forge, son marteau, son combustible, il ne pourrait plus rien produire et son travail s'épuiserait en un résultat stérile.

Le travail est lui-même un capital, puisqu'il représente et la partie du salaire qui doit entretenir l'ouvrier et sa famille et la petite partie qui est disposée pour l'économie, c'est-à-dire pour faire de lui-même un capitaliste (1), tout comme les serfs des XIIIe et XIVe siècles qui sont devenus bourgeois et nobles.

---

(1) Il ne peut pas se trouver une personne qui, ayant bien employé une existence par le travail, n'ait pas trouvé, une fois au moins, l'occasion de faire fortune. Mais, lorsque l'occasion se présente, il faut toujours être prêt à la saisir. Un auteur latin a dit que l'occasion avait sa mèche de cheveux par-devant la tête pour être saisie au passage ; par-derrière la tête, elle n'a rien du tout. Si vous la laissez passer, il n'y a plus moyen de la rattraper. Il y a des gens qui donneraient leur vie entière pour retrouver l'occasion qu'ils ont eue et qu'ils ont laissée s'échapper sans l'arrêter au passage. Il ne faut jamais compter sur le hasard ni sur la chance, mais l'occasion est une graine qui produit des fruits.

Ainsi donc, le travail doit être employé en consommation et en épargne. Les travailleurs qui consomment tout ne sont pas les ouvriers de la civilisation, car sans épargne, pas d'amélioration; sans amélioration, pas de civilisation.

Il est très rare qu'une population ennemie des guerres extérieures et des guerres civiles, aimant le travail, la culture, les sciences et l'économie, il est très rare que ce pays ne devienne pas prospère, et cela, même dans les pays où, selon la situation géographique, on supposerait de n'y rencontrer que la misère.

Nous avons dit que le capital est la partie de la fortune d'un pays qui est employée à la reproduction.

Mais, il n'y a pas que l'économie matérielle qui est employée à la reproduction. L'honnêteté certainement, tout comme l'intelligence, ou même la force physique, prises isolément ne sont absolument rien et ne constituent pas un capital tant qu'elles ne sont pas jointes à d'autres qualités par le travail dans la même personne, ce qui rend ces qualités productives, Et alors, cette personne, mettant en production ces différentes économies du travail (1), arrive

---

(1) Il ne faut pas oublier que la réussite s'obtient difficilement sans la puissance de volonté Si les Bernard-Palissy, les Oberkampf, les Franklin, les Lafayette et mille autres, n'avaient pas joint à leur activité, et à leur intelligence, une volonté de fer, ils n'auraient pu atteindre le résultat qu'ils ont obtenu dans leurs travaux et dans leurs recherches.

à faire un avocat de talent, un médecin recherché, un ingénieur, un chirurgien, un professeur capable de gagner cinq, dix, vingt ou vingt-cinq mille francs par an. Cet homme est incontestablement un capitaliste ; puisqu'il a accumulé des connaissances qui peuvent lui donner le bien-être que peut avoir seulement un riche capitaliste ; et, joint à son bien-être, il peut faire des économies pour reconstituer un nouveau capital, pour que, si à sa vieillesse il gagne moins, avoir alors des rentes.

L'ouvrier qui a un métier qui lui gagne six ou huit francs par jour, est également bien riche, relativement à l'ouvrier des champs, au mineur ou aux manœuvres, qui ont un salaire moindre, pour un travail beaucoup plus pénible.

L'ouvrier (1) qui accumule des connaissances peut se procurer, avec la jonction de son intelligence et et de son activité, du luxe, du confortable, du bien-être et des économies que ne pourra faire l'homme dont les parents n'ont jamais fait aucun sacrifice pour lui donner un métier. Cet homme aura donc une occupation de manœuvre, qui, demandant moins d'intelligence, par conséquent gagne moins.

---

(1) Un ouvrier sans travail se présente un jour chez un patron pour lui demander à travailler de son métier. — « Tu t'enivres souvent comme beaucoup, lui dit le patron. » — « Non, monsieur, répondit l'ouvrier, je travaille régulièrement toute ma semaine, je ne me suis jamais enivré. je ne m'enivrerai jamais, je fais des économies. » — « A ces conditions, entre chez moi, lui dit le patron. » Cet ouvrier est devenu contre-maître, puis le successeur de son patron ; il est aujourd'hui à la tête d'une belle fortune et jouit d'une grande considération.

L'économie accumulée ou le capital mis en mouvement anime et double toutes les forces sociales. C'est à l'aide du capital que les ouvriers et les ingénieurs ont construit des milliers de kilomètres de chemins de fer, qui transportent tous les jours des milliers de wagons de marchandises, qui vont porter le bien-être aux habitants d'un autre pays ; les voies télégraphiques, les voies téléphoniques, la navigation à vapeur, tout cela a été construit pour notre commodité à l'aide du capital.

J'aurai encore beaucoup à dire, si je voulais entrer plus en avant dans le domaine de la science de l'économie politique, science qui est encore beaucoup en retard et qui n'est encore enseignée qu'au Collège de France. Je crois que l'école communale et le lycée en auraient bien besoin ; car, s'il est très utile d'apprendre à gagner sa vie, il est également très utile d'apprendre à être heureux avec ce que l'on gagne et savoir s'en contenter.

Mais, avant de terminer la question de l'utilité du capital, il est encore bon de dire un mot du rapport que doit avoir le capital avec la population d'un pays.

Il est utile, dans un pays prospère, que le développement de la population marche de pair avec le développement du capital, car si la population se développe de trop, il se peut que le capital manque pour mettre en mouvement l'intelligence et l'activité de ses habitants. Et dans le second cas, comme cela se passe en France en ce moment, si le capital vient à accroître plus que la population, il n'a pas assez de demandes alors, sa rémunération n'étant pas suffisante, il n'est pas encouragé, et dans ce cas, il se cache ou il change de pays, car il est très volage. Il ne se renouvelle plus et il suffit d'une génération ou deux pour changer complètement le développement d'un pays et voir diminuer les salaires ou amoindrir la puissance de l'argent (1).

Il est donc très utile que tous nos législateurs connaissent à fond les questions d'économie politique, et ne pas oublier que la grande boussole des affaires a toujours été et sera toujours la même et éternelle question (*l'offre et la demande*). Que feront tous nos syndicats, que feront toutes ces belles déclarations établissant les minimums ou les maximums des salaires ? Tout cela ce sont de petits morceaux de sucre donnés aux ouvriers, mais cela ne les nourrit pas. Ce qui nourrit, c'est le travail, c'est le développement industriel et commercial d'un pays. Mais pour cela il faut que les articles de notre fabrication puissent être vendus et recherchés dans les pays étrangers, afin de maintenir la demande et la

(1) La France est le pays de l'Europe où le capital est le plus abondant, parce que notre population ne se développe pas comme dans les autres pays. Il faudrait que nos législateurs étudient sérieusement ces deux questions, afin de faciliter l'entreprise des grands travaux pour utiliser le trop de capital et surtout de chercher à développer le sentiment de la famille à tous ces vieux garçons et à ces vieilles filles qui passent leur temps sur terre à jouir de la vie dans le despotisme, sans accomplir leur devoir principal.

recherche du travailleur. Car, s'il y a plus de bras qu'il n'en faut, l'industriel diminuera le salaire. Il n'y aura pas de loi pouvant empêcher *l'offre et la demande*, c'est-à-dire l'augmentation ou la diminution des salaires.

Dans un pays qui a une bonne législation il faut encourager le plus possible le développement de la population (1), mais il faut également encourager l'épargne ; car si vous voulez voir augmenter le salaire, il ne faut pas que les capitaux soient craintifs ; il faut, au contraire, qu'ils entrent dans le commerce et dans l'industrie, et qu'ils en retirent un bénéfice largement rénumérateur, et cela au grand avantage de la classe la plus pauvre qui, en ce cas seulement, ne manquera pas de travail.

Depuis dix siècles, cela n'a pas changé : « Rareté « de capitaux, baisse de salaires ; abondance de « capitaux, augmentation de salaires. »

Et si un jour vous voyez une localité payant maigrement ses ouvriers ; c'est parce que cette localité manque de capitaux pour ouvrir d'autres usines ; car alors il y aurait concurrence pour la main d'œuvre, et, par conséquent, augmentation de salaires, comme cela s'est produit bien des fois.

---

(1) Le progrès d'une population est comparé à un homme jeune et intelligent travaillant toujours ; mais la vieillesse ou la mort arrivent. Pour qu'il n'y ait pas d'arrêt il faut donc que les hommes se régénèrent et que l'intelligence et le travail se succèdent d'homme à homme jusqu'à la fin.

AVENIR DU CAPITAL

MM∴ TT∴ CC∴ FF∴ Je n'ai plus que quelques mots à dire sur l'avenir du capital.

Depuis cent ans le pouvoir de l'argent n'a baissé en moyenne que de moitié ; le salaire est de trois à quatre fois plus considérable qu'il n'était à la fin du xviiie siècle.

Nous ne pouvons donc que nous réjouir du progrès obtenu. La fortune publique est également quatre fois plus considérable qu'elle ne l'était. Il y a même dans notre Paris des terrains qui ont progressé de 460 fois ce qu'ils valaient il y a cent ans.

Aujourd'hui, nos plus modestes habitations sont confortables et presque luxueuses. Les maisons de rapport à Paris sont de véritables palais. Nous avons a Paris 400 ménages qui paient plus de 26.000 fr. de loyers et nous en avons 1.400 qui paient de 13.000 à 26.000 francs de loyers. Il n'y a pas une autre ville au monde qui puisse établir un luxe pareil.

Que sera notre France, relativement à la valeur du capital dans cent ans. Très audacieux l'homme qui oserait seulement faire une prédiction à ce sujet. Mais je connais le mot d'ordre : « En avant, toujours en avant : *Excelsior-Progrès*, nous le demandons tous.

Constatons pourtant qu'il est certain qu'il n'y a pas en France les éléments pour marcher encore pendant cent ans dans la même proportion de progrès. Où faudra-t-il nous jeter?

C'est là la question principale qu'il y a à traiter aujourd'hui. Où cherchera-t-on fortune, s'il n'y a plus rien à gagner en France, il faut chercher ailleurs. Il y a peut-être à découvrir dans nos colonies des fortunes aussi considérables qu'en Amérique ou au Transwal; l'on parle beaucoup de mines d'or, 400 ou 500 millions d'or jétés sur le marché d'Europe toutes les années. C'est beaucoup, mais cela peut se supporter pour le moment. Mais il faut également et surtout, s'attacher à développer nos débouchés commerciaux qui ne sont pas en progrès. Nous avons bien eu un mouvement assez encourageant en 1895, nous avons eu 300 millions d'exportation supplémentaire, mais ce chiffre est encore inférieur à plus de 300 millions, avec celui de l'année 1891; de ce côté nous marchons en reculant, nous voyons bien nos relations rétablies avec la Suisse; mais pourquoi nos législateurs s'étaient-ils laissés emporter aux errements des protectionnistes à outrance, puisqu'au bout de trois ans on a reconnu qu'on avait eu tort. Il n'y a que le libre-échange qui peut développer notre exportation qui est au moins inférieure de 2 milliards avec le chiffre de marchandises que nous devrions exporter.

Si, au prix de grands sacrifices, nous pouvons acquérir quelques colonies, il faut au moins qu'elles

nous servent de débouché pour y envoyer notre
trop plein de travail et pour faciliter l'écoulement de
la fabrication de notre industrie. A force de vouloir
protéger la hausse du prix du blé nous ne proté-
geons rien du tout. La puissance de la monnaie est
bien moins considérable en France que dans presque tous les autres pays d'Europe et notre industrie,
au lieu de marcher en avant, comme elle l'a fait
depuis longtemps, nous la voyons depuis quelques
années stationner et même aller en arrière. Cela,
depuis que nos protectionnistes font ce qu'ils veu-
lent et gouvernent nos Chambres.

MM.·. TT.·. CC.·. FF.·., s'il est impossible de pré-
voir l'avenir de notre fortune publique, il est bien
permis, il est même très honnête de rechercher le
résultat de la bonne ou mauvaise administration de
nos législateurs et de nos gouvernants, car là, est
l'avenir de tout progrès.

Si, marchant sous un gouvernement républicain,
nous sommes gouvernés par des gens honnêtes
(*comme ceux qui nous gouvernent en ce moment*);
si nos ministres et nos législateurs s'inspirent du
grand principe égalitaire de 1789; s'ils cherchent à
améliorer le sort de toute la population et surtout la
classe pauvre et travailleuse en développant l'écoulement du travail industriel, en facilitant le commerce extérieur et intérieur, en facilitant le crédit à
l'agriculture sur les bases de celui accordé au commerce; s'ils maintiennent fortement les sentiments
du devoir et l'amour du travail en fortifiant l'amour

de la famille et l'amour du prochain (1), en proclamant le respect de la propriété, le respect pour tous; en pratiquant la liberté de conscience, en développant les maisons de secours pour la vieillesse, en modérant les dépenses; ne plus créer *aucun impôt nouveau* et diminuer les anciens, afin d'amoindrir cet énorme budget de 3 milliards 393 millions, le plus gros du monde (2) et amortir notre dette publique, qui est de plus de 27 milliards, encore la plus grosse du monde. S'ils cherchent à étendre nos relations commerciales et extérieures; si l'on met en pratique l'amour et le sentiment de l'égalité et de la liberté.

Si c'est ainsi que nous sommes gouvernés, oh! alors MM.˙. TT.˙. CC.˙. FF.˙., le dernier mot du progrès n'est pas dit et nous pouvons continuer a espérer encore quelques belles années de prospérités matérielles et intellectuelles et la fortune de tous peut encore beaucoup s'améliorer.

Mais, mes FF.˙., si le contraire s'opérait, si nos

-----

(1) Il serait utile que l'on pense à diminuer la mortalité de l'enfance dans les familles pauvres ou sans travail, et pour cela il faudrait que sur une simple demande à la mairie, on obtint *immédiatement et gratis*, les soins du docteur et les médicaments. En agissant ainsi, la mortalité de l'enfance dans les familles nécessiteuses diminuerait de 25 0/0.

(2) Actuellement les impôts sur le revenu, sur le capital, sur les successions, sur l'enregistrement produisent 1 milliard 23 millions; les impôts sur les douanes, sur les consommations diverses, produisent 1 milliard 134 millions; les impôts sur les actes de commerce et le timbre produisent 415 millions; les autres impôts sur les monopoles, les domaines, etc., produisent 821 millions. Total : 3 milliards 393 millions.

législateurs ne s'inspiraient que de leurs sentiments politiques, ne nous faisaient que de la politique, oubliant de remplir leur véritable devoir
qui est de faire des lois économiques et sociales ;
s'ils oubliaient d'encourager le travail et l'économie (1), s'ils oubliaient le respect de la liberté et de
l'égalité ; s'ils encouragaient l'indiscipline, l'insur-
rection, le manque de respect pour la famille, la
débauche, la paresse, la haine du pauvre envers
le riche, la jalousie, la guerre intestine ; s'il en
était ainsi, MM.·. FF.·., notre progrès matériel et
intellectuel aurait dit son dernier mot et nous ver-
rions bientôt un mouvement en arrière se produire,
comme cela c'est déjà vu plusieurs fois.

Mais, mes TT.·. CC.·. FF.·., notre grande famille
maçonnique, qui a tant fait pour le développement
de ces cent dernières années, continuera de mettre
son poids de plomb dans la balance.

Nous sommes tous des républicains et des capitalistes, puisque nous sommes tous des honnêtes

---

(1) Le bien être par l'économie ne s'obtient pas facilement. Ce
résultat ne s'obtient dans le début qu'en se privant de certains plai-
sirs, et quelquefois même d'un peu de confortable ; mais la satisfaction est d'autant plus grande lorsqu'on a la certitude d'être à l'abri
de la misère et surtout lorsque l'on arrive à pouvoir se rendre un
peu utile à ses concitoyens et à sa famille, non seulement pendant
son vivant, mais même après sa mort. Le petit résultat a quelquefois
beaucoup plus d'importance que les grands résultats obtenus par des
entreprises hasardeuses, car le petit résultat par le travail donne en
même temps et comme supplément, l'exemple d'une vie employée
laborieusement et honnêtement. L'exemple est un petit sentier qui
arrive plus tard à faire de grandes et belles routes. — La goutte de
pluie qui frappe sur vos vitres, arrive par le nombre à faire déborder
les rivières et les fleuves.

gens, libres, de bonnes mœurs et que nous aimons le travail ; nous avons l'amour des uns pour les autres, notre emblème est *le tablier, l'équerre et le compas* ; c'est-à-dire que nous honorons le travail, l'égalité et la justice ; nous continuerons à développer ces beaux sentiments autour de nous; nous avons déjà fait proclamer la République, nous avons établi les droits de l'homme, nous avons proclamé l'égalité du sang, nous avons secouru la veuve et l'orphelin, nous avons proclamé la solidarité humaine.

Mes FF.·., tout cela est bien mais il y a mieux a faire encore ; c'est de continuer..... Continuons donc à nous enrichir matériellement et intellectuellement. — Matériellement, afin de pouvoir secourir l'infirme, le vieillard, la veuve, l'orphelin et l'incapable. — Intellectuellement, afin de nous instruire les uns et les autres et de nous encourager à marcher en avant...

Et surtout dans nos LL.·., travaillons à étudier ces grandes et belles questions humanitaires.

Recherchons par quels moyens l'on peut arriver à donner l'accès du bien être à tout travailleur.

Préparons toutes ces questions avec amour. —

Préparons les sans tyrannie, sans parti politique ni religieux.

Et lorsque ce travail sera mûr, nous avons assez de FF.·. et amis au parlement pour les amener à voter ce qui est juste.

Lorsque toutes ces questions réellement sociales

seront résolues, vous aurez bien mérité de la Patrie, de l'Humanité et de la République Française.

En agissant ainsi vous aurez votre satisfaction personnelle et l'on dira de vous avec orgueil que vous êtes riches en bonnes idées et en bon travail ; que vous êtes des hommes de progrès, et que la fortune et le bien être général appartiennent à la persévérance, au travail, à la République et à la Franc-Maçonnerie.

A. M. D.

NOTA

Cette Conférence a été considérée comme un travail très sérieux et utile à être livré à la publicité. — A l'unanimité des membres composant la Resp∴ L∴ le *Temple de l'Honneur et de l'Union*, l'impression en a été décidée aux frais de la L∴, pour communication aux divers At∴ Mac∴.

L∴ **TEMPLE DE L'HONNEUR ET DE L'UNION**

Or∴ de Paris, 26 Mars 1896.

Par mandement de la L∴ :

Le Sec∴,

A. GACHES

TABLE

PARIS. — IMPRIMERIE MAÇONNIQUE HUGONIS, 6, RUE MARTEL. — 3-96.

www.ingramcontent.com/pod-product-compliance
Lightning Source LLC
Chambersburg PA
CBHW061752060726
47597CB00007B/2902